齋藤 孝

マンガでおぼえる 敬語

岩崎書店

はじめに

敬語《けいご》というのは、「たいせつな人にていねいなことばづかいをする」のが基本《きほん》。

自分がたいせつにしなくてはならない人や年上の人のことを「目上《めうえ》の人」というんだけど、その「目上の人」につかうことばが敬語。だから、きちんとつかえるようになっておきたいね。

ふつうのことばを敬語《けいご》にするやりかたには三つあるよ。

一つは相手《あいて》のことをグッともちあげるようないいかた。これを「そんけいご」というんだ。

二つめは、自分を下げるやりかたで、「けんじょうご」

いうね。

三つめは、「です」「ございます」をつけて、ていねいにいう「ていねいご」。

相手をたいせつにおもうきもちをことばであらわすには、「あなたはわたしよりも上の人ですよ」ということがわかることばをつかうということ。もし、相手を上げるところでじぶんを上げてしまったり、自分を下げるところで相手を下げてしまったりしたら、とても失礼《しつれい》になってしまう。「目上の人」だからこそ、失礼なことばづかいやまちがったことばづかいはしたくないよね。

この本では、みんなが生活する中で、じっさいにつかうことばをたくさんあげているよ。右ページは敬語でないいいかた、左ページが敬語をつかったいいかたになっているよ。

ふだんの生活の中でぜひつかってみてね。

この本に登場する人たちのしょうかい

かんなちゃんかぞく
かんなちゃん
(小 4)
かんなちゃんの
ママ
かんなちゃんの
パパ
3にんは
なかよし
ゆうかちゃん
(小 4)
オシャレさん
さきちゃん
(小 4)
スポーツ少女
ポッチ
かんなちゃんの
おにいちゃん
(小 6)
花田 3 きょうだい
いちろう (小 6)
じろう (小 4)
さぶろう (小 2)
花田パパ
花田ママ

山田さん
(小 4)

かけるくん
(小 4)
はんこう期

つばさくん
(小 4)
サッカー少年

ゆうかちゃん
パパ

ゆうかちゃん
ママ

たくみくんの
おとうさん

たくみくん
(小 4)

ひろくんかぞく

ひろくん
(小 4)

ひろくんの
パパ

ひろくんの
ママ

ひろくんの
おじいちゃん

先生たち

齋藤先生

学校の
たんにんの先生

学校の
体育の先生

サッカーの
かんとく

もくじ

Chapter 1 お客《きゃく》さまが家《いえ》に来《き》たとき

Chapter

2 家《いえ》の外で人に会ったとき

Chapter 5 電話《でんわ》で話をする とき

Chapter

6 先生と話す とき

Chapter

7 あらたまって、質問《しつもん》に答える

面談《めんだん》・面接《めんせつ》など

1 そんけいご

目上の人の、どうさやもちものにたいしてつかうことば。そんけいごにすることで相手をいちだん上に高めて、うやまうきもちを表現《ひょうげん》するよ。家族いがいのおとなには、そんけいごで話せるようになるといいね。こころから敬意《けいい》をもっていえるようになることがたいせつだよ。

［そんけいごにするおもな方法《ほうほう》］

①「れる」「られる」をつける
「来《こ》られる」「帰《かえ》られる」

②「お（ご）〜なる」のかたちをつかう
「お休みになる」「ご利用《りよう》になる」

③そんけいごとして、きまったいいかた
「召《め》し上《あ》がる」「いらっしゃる」

どうぞ
本
くださるんですか？
よみたかったこの本！

2 けんじょうご

目上の人にたいして、自分をいちだん低く下げることで、相手をうやまうきもちを表現《ひょうげん》することば。自分のどうさやもちものをいうときに、つかうことばだね。自分が低くなると、相手が高くなる。だから、けんじょうごも、相手を高める敬語《けいご》なんだ。

【けんじょうごにするおもな方法】

①「お（ご）〜する（いたす）」をつける
「おとどけする」「ごれんらくする」

②「〜ていただく」にする
「聞かせていただく」「おしえていただく」

③けんじょうごとして、きまったいいかた
「うかがう」「申《もう》し上《あ》げる」

さしあげます！
ありがとう！
本

3 ていねいご

いま、話している目の前の人にたいして、れいぎ正しくせっするきもちをあらわすことば。どちらを高めるとか、低めたりするわけでなく、れいぎ正しく、ものごとをていねいに伝えるためのもの。「です」「ます」などは、みんなもふつうにつかっているよね。

【ていねいごにするおもな方法《ほうほう》】

①「です」「ます」をつける
「山田です」「おねがいします」

②「ございます」をつける
「母《はは》はるすでございます」

③さししめすものをていねいにいう
「こちら」「そちら」「あちら」「どなた」

よくつかわれる敬語《けいご》

敬語なし	そんけい	けんじょう
会う	お会いになる 会われる	お目にかかる お会いする
いう	おっしゃる いわれる	申《もう》し上《あ》げる
行く	いらっしゃる おいでになる	参上《さんじょう》する 参《まい》る・うかがう
いる	おられる いらっしゃる	おる
見る	ごらんになる	拝見《はいけん》する
借《か》りる	お借りになる	お借りする 拝借《はいしゃく》する
着《き》る	お召《め》しになる 着られる	着させていただく
来《く》る	おいでになる お越《こ》しになる	うかがう
たずねる	おいでになる	うかがう おじゃまする

Chapter

1

お客《きゃく》さまが家《いえ》に来《き》たとき

お客《きゃく》さまが来《き》たことを
おうちの人に知らせる

敬語《けいご》でないいいかた

「お母《かあ》さん、お客さんが来《き》たよ」

ごめんください
しょうしょうおまちください…
おおきい犬《いぬ》！

1

そんけいご

「お母《かあ》さん、お客さまがいらっしゃったよ」

目上の人のことは、「来た」ではなく「いらっしゃった」といおう。「いらっしゃる」は、「いる」のそんけいごでもあるね。そのほかのいいかたとしては、「お客さんがみえたよ」というのもあるよ。

お犬さまがいらっしゃったよ〜。
おいぬさま？..
りょうり

2

スリッパをだす

敬《けい》語《ご》でないいいかた

「いらっしゃい！スリッパ、はいて」

高級《こうきゅう》スリッパをおはきください
!!
あ…ありがとうございます

1

「いらっしゃいませ。スリッパをおはきください」

「はく」という動作《どうさ》に「お〜（になる）」をつけると、相手をうやまう表現《ひょうげん》になり、よりていねいなおねがいのいいかたになるね。「スリッパをぬいでください」は、「スリッパをおぬぎください」となるよ。

部屋《へや》に案内《あんない》する

敬語《けいご》でないいいかた

「あがってください。こっちの部屋です」

もうほんとしょうがないだめなむすこで…
こちらの部屋《へや》にどうぞ

1

ていねいご

「おあがりください。こちらの部屋にどうぞ」

友だちと話すときは「こっち」でもいいけれど、すこしくだけたいいかただから、お客さまには「こちら」といいかえてみよう。「そっち」は「そちら」、「あっち」は「あちら」、「どっち」は「どちら」となるよ。

2

おかし(のみもの)をだす

敬《けい》語《ご》でないいいかた

「おかし(お茶《ちゃ》)を食べてください」

は…はじめましてポッチです…
はじめまして、メアリーです…
ポッチ
パタパタ

1

そんけいご

「おかし（お茶）をお召《め》し上《あ》がりください」

「お召し上がりになる」は、「食べる」のそんけいごだよ。お客さまをかんげいする意味《いみ》でお茶やおかしをだすなら、ただ「おかしです」というよりも「どうぞ食べてください」というきもちを敬語《けいご》であらわしたいね。

どうぞお召《め》し上《あ》がりください。
…
おっ!
ポチ
…
ズズズー
パタパタ
…
2

だしたおかしについて聞く

敬語《けいご》でないいいかた

「このおかし、よかったですか」

お気《き》に召《め》しませんでしたか…
い…いいえ
てれてます
ポッチ

1

そんけいご

「このおかし、お気《き》に召《め》しましたか」

「気にいる」のそんけいごが「お気に召す」。気にいったかどうかを聞くときは「お気に召しましたか」というんだ。反対に、気にいらないのかなとおもったときは「お気に召しませんか」。敬語《けいご》をつかうとやわらかく聞こえるね。

2

帰《かえ》りぎわに、また来《き》てほしいと
伝《つた》える

敬《けい》語《ご》でないいいかた

「ありがとうございました。
また、来《き》てね」

ただいまー
おやつなにー
おじゃましました！
また お越《こ》しください！

1

そんけいご

「ありがとうございました。また、お越《こ》しください」

「来《く》る」という動作《どうさ》のそんけいごが「お越しになる」。「いらっしゃる」も「来る」のそんけいごだから、「また、いらしてください」でもいいよ。帰りぎわにこういうあいさつをされると、お客《きゃく》さまもうれしくなるよね。

元気《げんき》なおじょうさんだね！
こ…こんにちは
はっ！
オホホホ…

2

わすれものがないか、かくにんする

敬《けい》語《ご》でないいいかた

「わすれものはない？」

おわすれものはございませんか？
あっ！そうだ。

1

ていねいご

「おわすれものはございませんか」

「ある」をていねいごにすると「ございます」になるよ。「ございます」は、「○○です」と自分の名前をいうときにも「○○でございます」というふうにつかえることば。ことばのさいごをていねいにいうと、相手にいい印象《いんしょう》がのこるね。

犬《メアリー》をわすれるところでした
ハハハ
さよなら またあえるかな…
さよならきっとあえるわ
ブンブン
ブンブン

2

外がさむいので、
コートを着《き》ることをすすめる

敬語《けいご》でないいいかた

「さむいのでコートを着てください」

コートをお召《め》しくださいい！
お気づかいありがとう！
さんぽはどのへんにいくの？
○○あたりをよくあるくわ
1

そんけいご

「さむいのでコートをお召《め》しになってください」

「(洋服《ようふく》を)着る」のそんけいごは、「お召しになる」というよ。「洋服」をていねいにいうと「お召しもの」となるね。ちなみに、「食べる」のそんけいごは「召し上がる」だから、まちがえないようにしよう。

ポッチの初恋《はつこい》であった…
ブンブンブン
2

店員《てんいん》さんがよくつかうことば

はずかしい敬語シリーズ①

①「おべんとうのほうはあたためますか？」
②「おはしはご利用《りよう》されますか？」
③「千円からおあずかりします」
④「こちらでよろしかったでしょうか？」
おべんとうのほう?
ご利用される?
よろしかった？
千円から？

どれもお店でよく聞くことば。でも、敬語のつかいかたとしては、ちょっとヘンだね。まちがえておぼえてしまわないように、チェックしておこう。

【正しいいいかた】

①「おべんとうはあたためますか？」

②「おはしはご利用になりますか？」

③「千円、ちょうだいします」

④「こちらでよろしいでしょうか？」

Chapter

2 家の外で人に会ったとき

電車《でんしゃ》やバスでせきをゆずる

敬語《けいご》でないいいかた

「どうぞすわっていいですよ」

どうぞ、おすわりください!
どうもありがとう、おじょうちゃん

1

そんけいご

「どうぞおすわりください」

「いいですよ」はきょかをあたえるかんじになるので、「おすわりください」と、「すわる」のそんけいごでいおう。「おすわりになる」に「どうぞ」と「ください」がくわわると、より相手への気づかいが伝《つた》わるね。

2

おれいをいわれたので
ことばをかえす

敬《けい》語《ご》でないいいかた

「いいえ、そんな」

このたびはありがとうございました
いいえいえどういたしまして…

1

ていねいご

「いいえ、どういたしまして」

「どういたしまして」は、「わたしはそんなにたいしたことはしていません」というけんそんの意味《いみ》。「そんな……」とモゴモゴするよりも、きちんとことばで返事《へんじ》したほうが、相手に失礼《しつれい》がないよね。

いいえいいえ、こちらこそ…いいえいいえ…
いいえいいえ、そんなこと… いいえいいえ
とんでもない
いいえいいえ…
「いいえいいえ」26回目！いつおわるのかな〜

2

人とぶつかってあやまる

敬《けい》語《ご》でないいいかた

「ごめん」

ノート

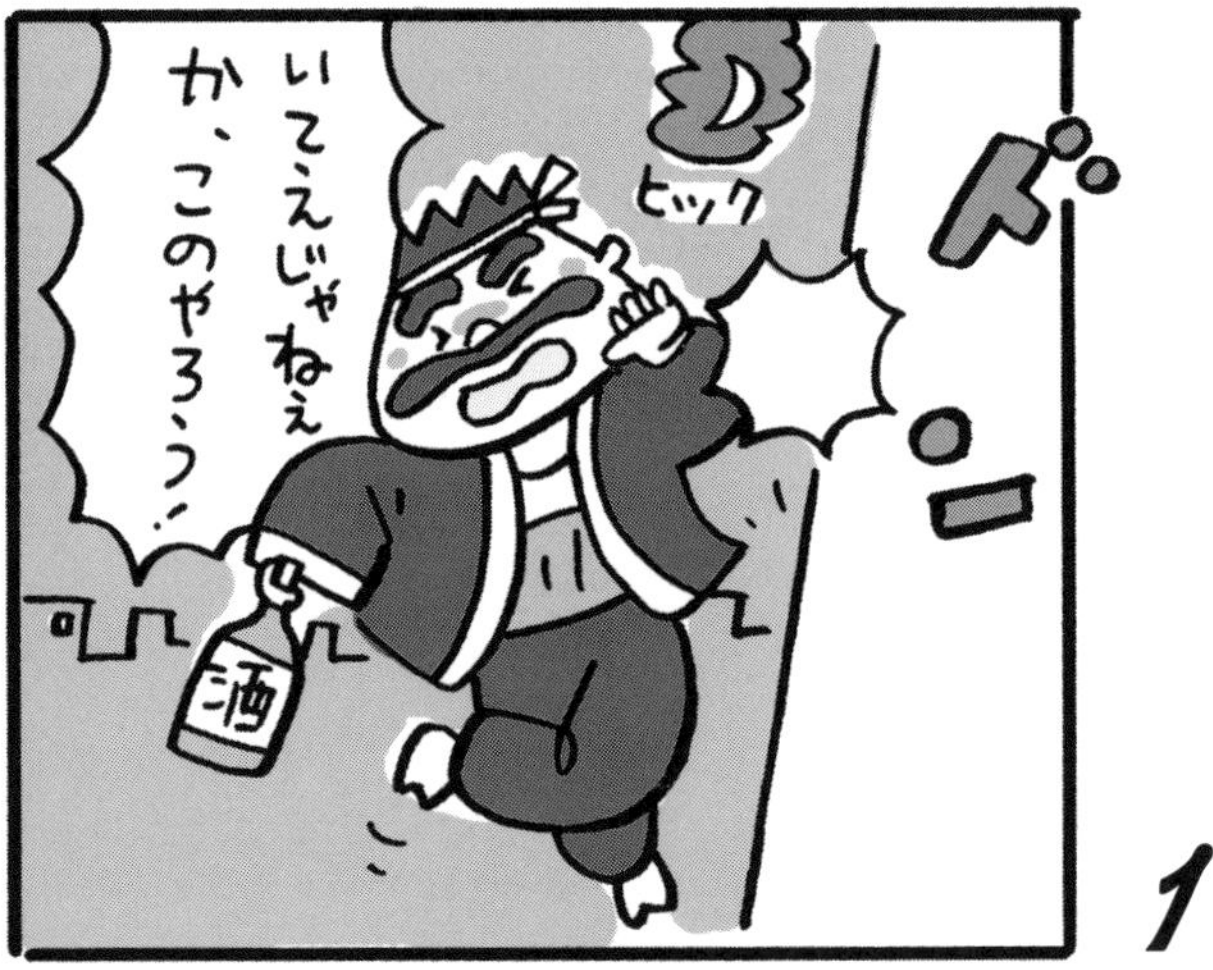
ドン
ヒック
いてえじゃねえか、このやろうっ!

1

ていねいご

「失礼《しつれい》しました」

「すみません」も「ごめんなさい」も、あやまるときのだいじなことば。それをよりていねいにいうなら、「失礼いたしました」のほうがいい。「失礼」は、「れいぎを失《しっ》する（なくす）」という意味《いみ》で、あらたまったことばだね。

おまわりさんでしたか…失礼《しつれい》いたしました、いやちょっとのみすぎまして…
ポスター
ストップ
はんざい
けいしちょう
110番
花
酒
ニャー
2

ひさしぶりに会った人に
あいさつをする

敬《けい》語《ご》でないいいかた

「ひさしぶり。
元気《げんき》？」

1

ていねいご

「ごぶさたしています。おかわりありませんか？」

「ごぶさた」はかんじで書くと「ご無《ぶ》沙《さ》汰《た》」。「沙汰」はたよりや連絡《れんらく》、「無沙汰」は連絡がないこと。「無沙汰」をていねいにいうための「ご」がついたものだね。連絡もせずにすみません、というきもちをあらわすことばだよ。

ステーキ弁当だ～!!
ごぶさたしています
おひさしぶりです
どんなにうれしいのか…
1
2
2

こまっている人に声をかける

敬《けい》語《ご》でないいいかた

「だいじょうぶ？」

よろしければおてつだいしましょうか
たすかります
1

ていねいご

「よろしければ、おてつだいしましょうか」

こまっている人がいたら、「だいじょうぶですか」と聞くよりも、すすんで手をかしてあげるとしんせつだね。「よろしければ」には、「（あなたが）ごめいわくでなかったら」という意味《いみ》がふくまれていて、気づかいがかんじられるね。

えきまでの道を聞く

敬《けい》語《ご》でないいいかた

「えきはどっちですか」

?
おそれいりますが動物園の入口をおしえていただけますか?

1

けんじょうご

「おそれいりますが、えきにいく道をおしえていただけますか」

「いただく」は、「〜してもらう」のけんじょうご。「〜していただけますか」は、おねがいするときによくつかう表現《ひょうげん》だからおぼえておこう。はじめに「おそれいりますが」ということがあると、相手もこころの準備《じゅんび》ができるね。

2

えきまでの道を聞かれたが、
わからない

敬《けい》語《ご》でないいいかた

「えー、わかりません」

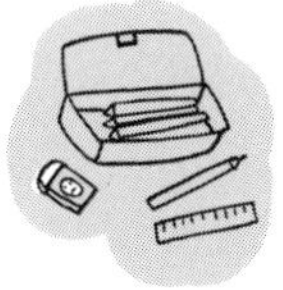

エクスキューズミー
エイゴワカリマスカ？？
申《もう》し訳《わけ》ありませんが、わかりません…

1

ていねいご

「申《もう》し訳《わけ》ありませんが、わかりません」

聞かれたことがわからないときは「答えられなくてすみません」というきもちをこめて、はじめに「申し訳ありませんが」というと、よりていねいだね。ほんのちょっとしたひとことが、相手との関係《かんけい》をよくするんだよ。

オーノー
どなたか、えいごのわかる人、いませんか〜
オーバーな外人…

2

ぐあいのわるそうな人に
声《こえ》をかける

敬《けい》語《ご》でないいいかた

「どうしたんですか」

ひろくんのママだ…
モグモグ
ここのあんみつは、いくらでもいけるわ！おいしい!!
バクバク

1

そんけいご

「どうかなさいましたか」

「する」をそんけいごにすると「なさる」になるよ。「どうかなさいましたか」は、こまっている人やあわてている人に声をかけるときにもつかえることば。ひとつのフレーズとしておぼえておこう。

人の体を気づかう

敬《けい》語《ご》でないいいかた

「かぜをひかないでね」

ガハハハハハ
きょうもけんこう
先生、かぜを召《め》しませんように!
ピュー

1

そんけいご

「かぜを召《め》しませんように」

「召す」は「着《き》る」、「召し上《あ》がる」は「食べる」のそんけいごだったね。「かぜをひく」をそんけいごにすると「かぜを召す」になるんだよ。「着る」や「食べる」のように、かぜを自分にとりいれる、というイメージだね。

つぎの日
体育《たいいく》の先生がかぜでおやすみのため自習《じしゅう》にします
あらら
エー!
ざんねーん

2

れいぎ正しい手紙の書《か》きかたを知っておこう

× ちょっと、おかしな手紙

こんにちは。

さむい日がつづきますが、

> 自分のたんじょうびに「お」をつけるかな?

お元気でしょうか。このあいだはおたんじょうびに

プレゼントをくれて、ありがとうございました。

うれしかったです。うちに来《き》たこと、

みんなよろこんでいます。

> 「来《く》る」はなんていう?

10さいになったので、おかあさんの

手つだいをもっとやり、

> おかあさんのこと、なんていう?

ピアノの練《れん》習《しゅう》もがんばりたいとおもいます。

ゆきがふりそうです。かぜをひかないように、

気をつけてください。

> 「かぜをひく」の敬《けい》語《ご》は?

近いうちに先生の家に

行きたいと思います。

さようなら

> 「行く」をけんじょうごにすると?

○ 正しい敬語《けいご》を使った手紙

こんにちは。

さむい日がつづきますが、お元気でしょうか。

このあいだはたんじょうびにプレゼントを

くださって、ありがとうございました。

うれしかったです。うちにいらっしゃったこと、

みんなよろこんでいます。

10さいになったので、母の手つだいをもっとやり、

ピアノの練習もがんばりたいとおもいます。

ゆきがふりそうです。

かぜを召《め》されませんように、

お気をつけください。

近いうちに先生の家に

うかがいたいと思います。

さようなら

手紙《てがみ》を書《か》くときのやくそくごと

書きことばにも、かしこまったことばがあるよ。おとなになったら、よくつかうことばだから、いまのうちに知《し》っておくといいね

頭語《とうご》と結語《けつご》

頭語というのは、手紙のいちばんさいしょにくることばのこと。反対《はんたい》に結語は手紙のむすび、いちばんさいごにつけることばのこと。頭語と結語はペアになっていて、「拝啓《はいけい》」をつかったら「敬具《けいぐ》」をつかう、というきまりがあるよ。

拝啓《はいけい》 ↓ 敬具《けいぐ》

拝呈《はいてい》 ↓ 敬白《けいはく》

啓上《けいじょう》 ↓ 敬具《けいぐ》

謹啓《きんけい》 ↓ 謹言《きんげん》

一筆申《いっぴつもう》し上《あ》げます ↓ かしこ

*これは女性用《じょせいよう》だよ

時候《じこう》のあいさつ

日本《にほん》は四季《しき》のある国なので、それぞれのきせつのあいさつがあるんだ。手紙を書くときは、こういうきせつのあいさつをいれると、うけとった人もきもちがなごむね。

春

すっかり春めいてまいりました

春暖《しゅんだん》の候《こう》

春《はる》たけなわ

夏

いよいよ真夏《まなつ》になりました

盛夏《せいか》の候

猛暑《もうしょ》のみぎり

秋

秋晴《あきば》れがつづきます

初秋《しょしゅう》の候

スポーツの秋《あき》

冬

めっきり寒《さむ》くなりました

初冬《しょとう》の候

雪《ゆき》のたよりがきかれます

Chapter 3

よその家《いえ》にまねかれたとき

げんかんであいさつをする

敬語《けいご》でないいいかた

「こんにちは」

ゆうかちゃん こんにちは、おじゃまします
いらっしゃいませ かんなちゃん

1

けんじょうご

「こんにちは、おじゃまいたします」

「じゃまをする」といっても、ほんとうに「じゃま」するわけではなく、へりくだる表現《ひょうげん》だね。げんかんにあがるときに、「おじゃまいたします」といって入るとれいぎ正しい印象《いんしょう》になるよ。この表現はおぼえておこう。

おじゃまいたします
こっちこっち
ちっとも・・・じゃまじゃないよー♪
芸術家《げいじゅつか》のゆうかちゃんパパ

2

だしてもらったおかしを食べる

敬語《けいご》でないいいかた

「おいしそうなケーキ！食べていい？」

おかし研究家《けんきゅうか》のゆうかちゃんママ
あらいらっしゃい、ちょうどケーキができたところよ！
わー

1

けんじょうご

「おいしそうなケーキ！いただいていいですか」

「いただく」は、「食べる・のむ」のけんじょうごだね。家族《かぞく》でごはんを食べるときに、「いただきます！」というのとおなじ。「どうぞ食べてください」とだしてもらったものは、「いただきます」といって食べよう。

2

トイレをかりる

敬語《けいご》でないいいかた

「トイレをつかってもいいですか」

トイレをおかりしてもよろしいでしょうか？
どうぞ！
1

けんじょうご

「トイレをおかりしてもよろしいでしょうか」

「お～する」は、自分の動作《どうさ》をへりくだっていうけんじょうご。「おかりする」のもっとあらたまったいいかたは、「拝借《はいしゃく》する」。「トイレを拝借してよろしいでしょうか」だとカンペキだね！

トイレが芸《げい》術《じゅつ》的《てき》！

2

帰《かえ》ることを伝《つた》える

敬《けい》語《ご》でないいいかた

「じゃあ、そろそろ、帰ります」

そろそろおいとまします
夕飯《ゆうはん》いっしょにたべようよ！
もちろんよ！
ママーいいでしょう!!

1

けんじょうご

「おじゃまいたしました。そろそろ、おいとまします」

「いとま」とは、時間をおくことやそこからはなれることだよ。かんじで書くと「暇」、これは「ひま」ともよむね。たずねた家をでるということは、その家からはなれることだから、「おいとまします」というんだね。

今日は特製《とくせい》ハンバーグよ！
やった!!
ねね、おいしいのよ！たべてね
うん、ママにでんわしてもいい？

2

来週《らいしゅう》、また来《く》ることを伝《つた》える

敬語《けいご》でないいいかた

「ありがとうございました。来週、また来《き》ます」

今日はありがとうございました。
また、参《まい》ります！
ぜひ、またきてね！
タタタ
まってー

1

けんじょうご

「ありがとうございました。来週、また参《まい》ります」

「来《く》る」のけんじょうごは「参《まい》る」だね。相手にたいして、「来る人」をへりくだっていうことばだから、たとえば「来週、母が参ります」というように、身内《みうち》が「来る」という場合《ばあい》にもつかえる表現《ひょうげん》だよ。

2

ていねいすぎる過《か》剰《じょう》敬語

はずかしい敬語《けいご》シリーズ②

× お帰《かえ》りになられました
○ お帰りになりました

× 先生がおっしゃられていました
○ 先生がおっしゃっていました

× ごらんになられました
○ ごらんになりました

× お話しになられる
○ お話しになる

× なにを召《め》し上《あ》がられますか?
○ なにを召し上がりますか?

ちゃんと敬語《けいご》をつかおうとするのはいいことだけど、たくさんつかえばいいというものではないんだ。「お帰りになる」で一つのそんけいごなのに、「お帰りになられる」のように「られる」をつけてしまうと、「やりすぎ」なかんじがでてしまうね。せっかく敬語をつかうなら、正しくつかえるようになろう!

Chapter 4

自分の家族《かぞく》の話をするとき

親《おや》のことを話す

敬語《けいご》でないいいかた

「うちのお父《とう》さん（お母《かあ》さん）がいっていいます」

おとうさまはお元気ですか？
おとうさんは…
父《ちち》っていうのよ…

1

けんじょうご

「うちの父《ちち》（母《はは》）が申《もう》しております」

家の中や身内《みうち》どうしでは「お父さん」「お母さん」でいいけれど、外の人に親のことを話すときは、「父」「母」といおう。「おじいちゃん」「おばあちゃん」のことは、「祖父《そふ》」「祖母《そぼ》」、「お兄《にい》ちゃん」「お姉《ねえ》ちゃん」のことは「兄《あに》」「姉《あね》」というよ。

ハハハハ
え!? 牛《うし》の乳《ちち》?? なんで…
乳《ちち》じゃなくて父《ちち》よ!!
??
ちなみにわたしのことは母《はは》っていうのよ!

2

「お母《かあ》さんはお元気《げんき》？」と聞かれて
「元気です」と答える

敬語《けいご》でないいいかた

「母は元気にしてます」

1

けんじょうご

「母は元気にしております」

「〜している」をけんじょうごにすると「〜しております」になるんだ。これは「いる」にもつかうよ。だから、「家にいらっしゃいますか？」と聞かれたときは、「はい、家におります」と答えよう。

父はとても元気にしております。近所にすむ祖父《そふ》、祖母《そぼ》もとても元気です。
ほう
いい?!

2

母《はは》親《おや》がいっていたことを伝《つた》える

敬《けい》語《ご》でないいいかた

「母が○○といってました」

…と母がいってまーす!
こらっ 省略《しょうりゃく》するなっ!
ゴン
ハハハ

1

けんじょうご

「母が○○と申《もう》しておりました」

「いう」のけんじょうごは「申す」だよ。「申しています」でもまちがいではないけれど、「〜している」が「〜しております」になるから、両方《りょうほう》をあわせて「申しておりました」というほうがよりていねいだね。

…と もうして 母がいってた おります！ ありますす！ わかった!?
すみません しつれいいたします…
すみませんでした…
ごめんなさい…

2

父《ちち》親《おや》の会社の人に会って、「（あなたのことを）知っている」と答える

敬《けい》語《ご》でないいいかた

「父《ちち》と同じ会社の人ですよね。**知っています**」

ところでお父さんは先生のこと知っているかな？
父は存《ぞん》じ上《あ》げております。お弁《べん》当《とう》を作ったらすぐいくともうしておりました。

1

けんじょうご

「父と同じ会社の方《かた》ですよね。存《ぞん》じ上《あ》げております」

「知る」のけんじょうごは、「存じ上げる」。ちなみに、「おもう」のけんじょうごは「存じる」。もし、相手がお父さんより年下だったり、こうはいだったりしても、自分にとって相手は目上の人だから、敬《けい》語《ご》をつかって話そう。

先生、おくれてすみません！
ワー
たくみちち
ワー
わぁ、弁当でかい！
とうちゃん！

2

母親が先生に会いに来《き》たことを伝《つた》える

敬語《けいご》でないいいかた

「失礼《しつれい》します。母が先生に会いに**来ました**」

かあちゃんここだよ……
うむっ
親子面談室《おやこめんだんしつ》
1

けんじょうご

「失礼します。母が先生に会いに参《まい》りました」

「来《く》る」のけんじょうごは「参る」。目上の人である先生のところに、身内《みうち》であるお母《かあ》さんが来るから、「参る」になるんだね。敬語《けいご》は、自分にとってどういう相手であるかによって、ことばをえらぶことがたいせつだよ。

母が先生に会いに参《まい》りました。
：：おどろかないでください…
ボカン
メークしすぎ…

2

祖母《そぼ》（祖父《そふ》）が死《し》んだことを伝《つた》える

敬語《けいご》でないいいかた

「祖母（祖父）は死にました」

祖父《そふ》が亡《な》くなりました。
かなしいです
うー

1

けんじょうご

「祖母（祖父）は亡《な》くなりました」

「死ぬ」というのはちょくせつてきな表現《ひょうげん》だから、「亡くなる」といおう。そんけいごにする場合《ばあい》は、「お亡くなりになる」。身内《みうち》のことをいうときは「亡くなりました」、外の人の場合は「お亡くなりになりました」となるよ。

わしそっくりのロボットじゃよ。電池《でんち》切《ぎ》れじゃ！
なーんだ
ロボットだったのか～
ホッ

2

ここまでいえたらすごい！

上級者編《じょうきゅうしゃへん》

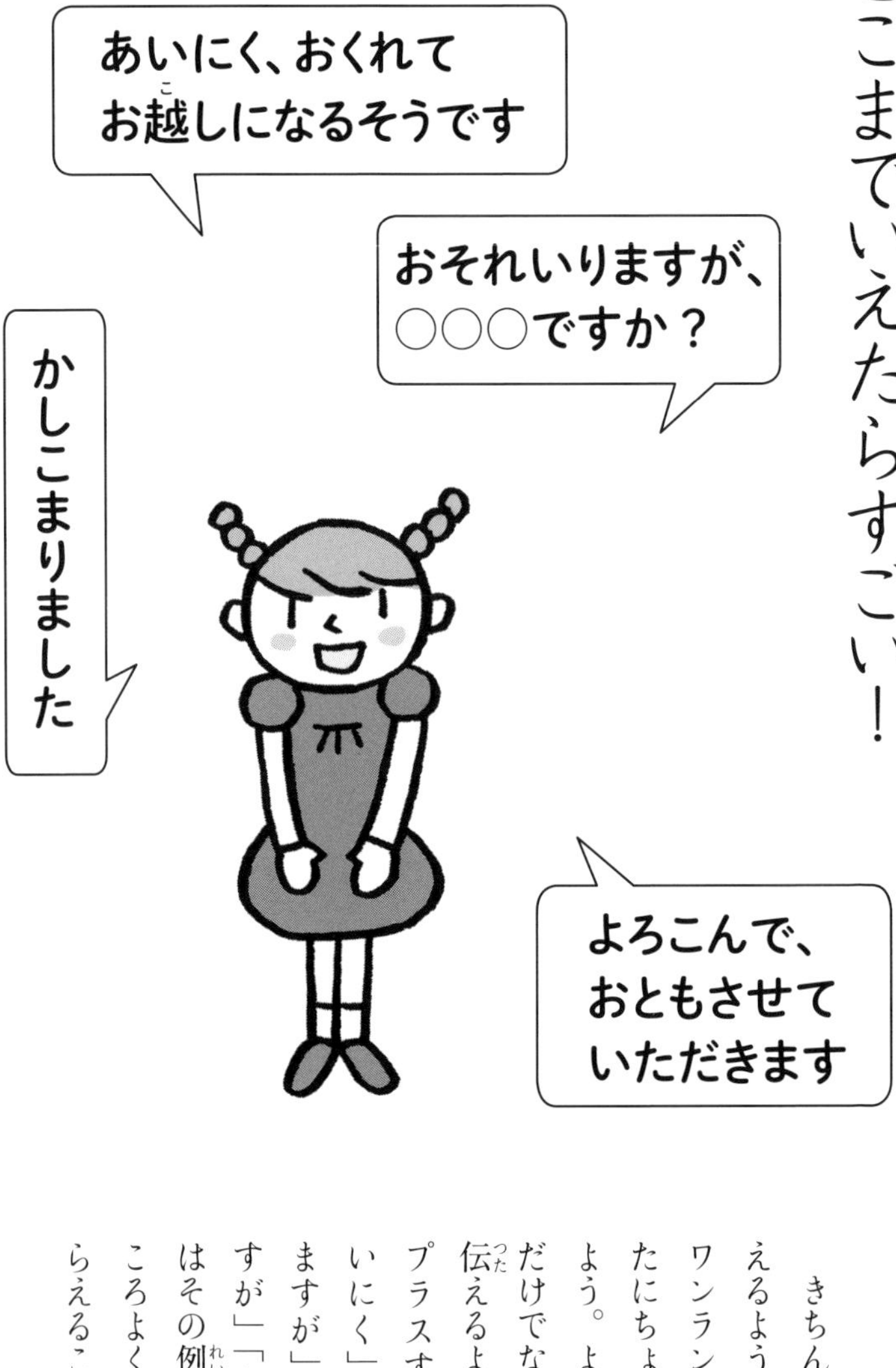
あいにく、おくれて
お越《こ》しになるそうです
おそれいりますが、
○○○ですか？
かしこまりました
よろこんで、
おともさせて
いただきます

　きちんと敬語《けいご》をつかえるようになったら、ワンランク上の話しかたにちょうせんしてみよう。ようけんをいうだけでなく、きもちを伝《つた》えるようなことばをプラスするんだ。「あいにく」「おそれいりますが」「ざんねんですが」「よろこんで」はその例《れい》。相手に、こころよく話を聞いてもらえることばだよ。

Chapter

5

電《でん》話《わ》で話をする

ときっ

親《おや》がいないという

敬語《けいご》でないいいかた

「母（父）はいません」

ノート

もしもし、あっ
じろう君だね、
おかあさんか、おとう
さん いるかな？
テストのこと
でおはなし
したいことが
あるんだよ…
1

けんじょうご

「あいにく、母（父）はおりません」

「いる」のけんじょうごは「おる」だから、「おりません」。ことばとしてはこれでいいけれど、「あいにく」とか「申《もう》し訳《わけ》ありませんが」ということばを頭につけると、よりていねいな答えになるね。

え〜〜っと、その〜〜、母も父もおりません!!
ん!?、
ん!?

2

こちらからかけなおす

敬語《けいご》でないいいかた

「帰《かえ》ってきたら、父（母）から電話《でんわ》します」

今、ちょっと手がはなせませんので、のちほど父からお電話《でんわ》いたします！

1

けんじょうご

「もどりましたら、父(母)からお電話いたします」

「(電話を)する」のけんじょうごは「(電話を)いたす」だね。電話をかけるのは身内《みうち》だけど、その電話をうける相手をうやまう意味《いみ》で、「電話」に「お」をつけているんだ。「お電話いたします」ならバッチリだよ。

2

先生に相談《そうだん》があって電話《でんわ》する

敬語《けいご》でないいいかた

「先生、相談したいんですけど」

先生、ご相談《そうだん》したいのですが…どうしたらテストで100てんをとれますか？

1

けんじょうご

「先生、ご相談したいのですが」

「相談する」をけんじょうごにすると「ご相談する」。相談するのは自分でも、相手をうやまって「ご相談」といっているんだ。相談ごとには時間がかかるから、「いま、お時間よろしいでしょうか」と聞くとベストだね！

やる気になってくれたか!? 先生うれしいよ
うー
いやその、母が100てんとったら"すし"だっていうものですから…

2

会いたいと伝える

敬《けい》語《ご》でないいいかた

「ぜひ、会いたいとおもいます」

わーっ！おじさま、フランスから帰ってこられたんですね！
お目にかかりたいです!!
エッフェルとう
がいせんもん!!
ファッションのまち

1

けんじょうご

「ぜひ、お目にかかりたいとおもいます」

「会う」→「お会いする」→「お目にかかる」というじゅんばんで、そんけいのどあいが高くなるよ。しょたいめんの相手に「会えてうれしいです」というときも、「お目にかかれて光栄《こうえい》です」というとよりいいね。

2

これから行《い》きたいと伝《つた》える

敬《けい》語《ご》でないいいかた

「はい、これから行きます」

つばさ、おまえに秘《ひ》伝《でん》のシュートをおしえよう!
名《な》づけて、
『スペシャルエレクトリックイナズマシュート』だ!!
すごいだろ!?

1

けんじょうご

「はい、これから参《まい》ります」

「行く」のけんじょうごは「参る」。「参る」は「行く」「来《く》る」両方《りょうほう》のけんじょうごだから、つかいかたに気をつけよう。相手のいる場所《ばしょ》（家など）に「行く」ときは、「うかがいます」でもOK。

かんとく、ありがとうございます！これから参《まい》ります
スペシャルエレクトリックイナズマシュート…ひ、ひかるのか!?

2

父親《ちちおや》の会社《かいしゃ》に電話《でんわ》する

敬語《けいご》でないいいかた

「○○ですが、父はいますか」

かんなですが、父はおりますでしょうか?
パパだよ、なにかあったのかい? かいぎ中なんだが…

1

けんじょうご

「○○ですが、父はおりますでしょうか」

「いる」のけんじょうごは「おる」だから、いるかいないかを聞く場合《ばあい》は「おりますか」となるね。ことばのさいごを「でしょうか」にすると、よりていねいだよ。会社の人はみんないそがしいから、ハキハキとしっかり伝《つた》えよう。

ハハハ
おたんじょうび おめでとう!!
ハハハ

2

電話《でんわ》で話すときに知っておくとべんりないいかた

電話は、顔《かお》の見えない相手と話すもの。相手のじょうきょうをかんがえたり、わかりやすく伝《つた》えることがたいせつだよ。

母はおりません。もどりましたら、こちらから、かけさせていただきます

父はでかけております。もどりましたら、電話《でんわ》をするよう伝えます

失礼《しつれい》ですが、どちらさまでしょうか

いま、お話しさせていただいて、よろしいでしょうか

（お父さんの会社《かいしゃ》に電話して）○○ですが、父をお願《ねが》いいたします

○○ですが、○○くんはご在宅《ざいたく》でしょうか

○○ですが、いもうとはおじゃましておりますでしょうか

Chapter

6 先生と話す

ときき

たんにんの先生がどこにいるか、ほかの先生に聞く

敬語《けいご》でないいいかた

「○○先生はどこにいますか」

体育《たいいく》の先生はどちらにいらっしゃいますか？
ほけんしつのほうでみたぞ

1

「○○先生はどちらにいらっしゃいますか」

「どこ」は「どちら」といったほうがていねいだね。「いる」のそんけいごは「いらっしゃる」だよ。この場合《ばあい》、「どちらにおいでですか」でもOK。「おいでになる」は、「行く・来《く》る・いる」のそんけいごだよ。

ドッヂボールはりきりすぎて、ギックリごしになっちゃったのよ！
えーっ
トホホ

2

友だちが休んだ理由《りゆう》を聞く

敬語《けいご》でないいいかた

「○○くんがどうして休んだか知ってますか」

先生、ひろくんがいないのですが、ご存《ぞん》じですか?
校庭であそんでいるぞ! ほらっあそこ! すごいなー!

1

そんけいご

「〇〇くんがどうして休んだかご存《ぞん》じですか」

「知っている」のそんけいごは「ご存《ぞん》じ」。先生が知っているかどうかをたしかめるときは、「ご存じですか」といおう。もし、キミが「ご存じですか」と聞かれたときは、「存じております」と答えるといいよ。

あれはひろくんがつくったロボットです
エ〜〜
グルグルグルグル
わー
すごーい

2

ほうかご、職員室《しょくいんしつ》に来《く》るようにいわれた

敬語《けいご》でないいいかた

「はい、じゅぎょうがおわったら行きます」

じろう！ほうかご、しょくいんしつに来《き》てくれるかな？
はい、うかがいます

1

けんじょうご

「はい、じゅぎょうがおわったらうかがいます」

「行く」のけんじょうごは「うかがう」だったね。行き先が先生のところだから、先生を高める意味《いみ》で「うかがう」になるんだ。「うかがう」は「聞く」のけんじょうごでもあるから、会話《かいわ》によってじょうずにつかいわけよう。

2

職員室《しょくいんしつ》に入る

敬語《けいご》でないいいかた

「○年○組の○○です。すいません」

失礼《しつれい》いたします
どうしてしょくいんしつによばれたか、わかるかい?

1

けんじょうご

「○年○組の○○です。失《しつ》礼《れい》いたします」

職員室に入るときは、ひとことあいさつをしてからのほうがいいね。「すみません」でもまちがいではないけれど、「失礼いたします」のほうが、よりていねいだね。コンコンとドアをノックして、「失礼いたします！」と元気《げんき》にいおう。

そうじを さぼったから です…
いや、女《おんな》の子を からかったから…
いや… 宿題《しゅくだい》を わすれたから でしょうか？
ほめようと おもったのに…

2

あたらしい先生が
来《く》るじきを聞く

敬語《けいご》でないいいかた

「あたらしい先生は、
いつ
来るんですか」

きょうは
特別授業《とくべつじゅぎょう》の日
どんな先生がいらっしゃるんですかーっ!?
では紹介《しょうかい》します!

1

そんけいご

「あたらしい先生は、いついらっしゃるんですか」

べつの先生のことをわだいにしているときは、その先生にたいしてもそんけいごをつかうんだよ。「来る」のそんけいごは「いらっしゃる」。「お見えになる」も「来る」のそんけいごだから、「いつお見えになるんですか」でもいいね。

ヤー
芸術家《げいじゅつか》の先生です。ゆうかちゃんのおとうさまだ.
わー
つづく

2

先生がいったことを聞きなおす

敬《けい》語《ご》でないいいかた

「先生、もういちど、いってください」

特別授業中…
芸術《げいじゅつ》とはなんだ？
わたしは時間
つまり間《ま》と
反復《はんぷく》を考察《こうさつ》
する中で、自然と人の
はばひろい統合《とうごう》…

1

そんけいご

「先生、もういちど、おっしゃってください」

「いう」のそんけいごは「おっしゃる」だから、「おっしゃってください」となるね。先生におねがいするときは、そのまえに「すみません」とか「おそれいりますが」というと、よりていねいなきもちが伝《つた》わるよ。

す、すみませんもう一度おっしゃってください…
もうパパ! 小学生にわかるようにはなして!
ゴナン
あー

2

先生に、自分がかいた絵《え》を見せたい

敬《けい》語《ご》でないいいかた

「先生に見せたい絵があります」

あの〜〜先生にお目にかけたいものがありまして……
あら、なにかしら!?
もじもじ

1

けんじょうご

「先生にお目にかけたい絵があります」

「見せる」のけんじょうごは「お目にかける」というんだ。そのほか、「お見せする」「ごらんにいれる」というのも、おなじ意味《いみ》でつかわれるよ。ちなみに「お目にかかる」というのは「会う」のそんけいごで、「お会いする」という意味だね。

2

行き先を聞く

敬《けい》語《ご》でないいいかた

「先生、これから どこに 行くんですか」

みんな、ついてこい!
サッカーのれんしゅう…
かんとくどちらにいらっしゃるんですか!?

1

そんけいご

「先生、これからどちらにいらっしゃるんですか」

「行く」のそんけいごは「いらっしゃる」。これは、「いる・来《く》る」のそんけいごでもあるね。じぶんが「行《い》く」場合《ばあい》は「うかがう」になり、先生が「行く」場合は「いらっしゃる」となるので、まちがえないように気をつけよう。

2

よていを聞く

敬《けい》語《ご》でないいいかた

「あすのお休みは、なにをしてますか」

先生は日ようびなにをしていらっしゃいますか?
山のぼりですか?
つりですか?

1

そんけいご

「あすのお休みは、なにをしていらっしゃいますか」

「している」をそんけいごにすると、「していらっしゃる」になるよ。「なにをしますか」のときは、「なにをされますか」「なにをなさいますか」となるね。「なにをされていらっしゃいますか」だとオーバーな表現《ひょうげん》になるから注意《ちゅうい》しよう。

きみたちのテストを作っているのじゃ〜〜
ハハハ、じょうだんだよ
えー!?

2

見たかどうかを聞く

敬語《けいご》でないいいかた

「先生は、この映画《えいが》、見ましたか」

映画《えいが》おもしろかったなぁ!
わらったよー さいこう!
おさるウォーズ
えいがかん

1

そんけいご

「先生は、この映画、ごらんになりましたか」

「見る」のそんけいごは「ごらんになる」だよ。「れる・られる」をつけて、「見られましたか」といってもまちがいではないけれど、「ごらんになる」のほうがうやまうきもちがより伝《つた》わるよ。「ごらんになられる」はいいすぎだね。

あっ！かんとくもごらんになりましたか？
みたぞ！すばらしかった！かんどうだ!!
なくようなえいがだったかな？

2

帰《かえ》りぎわに声《こえ》をかける

敬《けい》語《ご》でないいいかた

「先生、帰るんですか」

1

そんけいご

「先生、お帰りになるところですか」

「帰る」のそんけいごは「お帰りになる」だよ。「お～になる」というかたちでそんけいごになることばは、ほかにもいくつかあるんだ。「おでかけになる」「お休みになる」「お話しになる」「おもどりになる」など、いえるようになるといいね。

ありがとうね！
おにいちゃんやるー
先日《せんじつ》はいたずらをしてすみませんでした！

2

先生のしどうにおれいをいう

敬《けい》語《ご》でないいいかた

「先生がおしえてくれたおかげです」

1

そんけいご

「先生がおしえてくださったおかげです」

「～してくれる」のそんけいごは「～してくださった」だね。おれいをいうときは、ただ「ありがとうございます」だけでなく、「おしえてくださったおかげ」と、かんしゃの理由《りゆう》もいっしょにいうと、よりきもちが伝《つた》わるよ。

かんとくがおしえてくださったおかげです!
ウム
ワー
ワー
ワー
じょうずなサッカーのおしえかた

2

いうべきことがある

敬語《けいご》でないいいかた

「じつは、先生に いわなきゃ いけない ことがあります」

1

けんじょうご

「じつは、先生に申《もう》し上《あ》げなくてはならないことがあります」

「いう」のけんじょうごは「申し上げる」。「はなす」のときも「申し上げる」になるね。太宰治《だざいおさむ》の『駆《か》け込《こ》み訴《うった》え』は、「申し上げます、申し上げます。旦那《だんな》さま。あの人は、ひどい」とはじまるよ。この場合《ばあい》は「いいます！」という意味《いみ》だね。

あの〜〜 先生に申《もう》し上《あ》げなくてはならないことが…
どうした あらたまって まさか花びんでもわったか？ ハハハハ
2

2

先生の意《い》見《けん》が聞きたい

敬《けい》語《ご》でないいいかた

「先生の意見を聞きたいんですが」

先生、よろしいですか？ご意《い》見《けん》をうかがいたいのです！
ハイ
なんだろう？？

1

けんじょうご

「先生のご意見をうかがいたいのですが」

「意見」は先生のものだから、「ご」をつけてていねいにいおう。「聞く」のけんじょうごは「うかがう」。「お聞きする」も「聞く」のけんじょうごだから、「先生のご意見をお聞きしたいのです」というのもOKだよ。

給食のいちばん人気はなんだと思いますか？カレーですよね!!
ぜったいシチュー！
カレーッ
うどんかな…

2

学級会《がっきゅうかい》の報告《ほうこく》をたのまれた

敬《けい》語《ご》でないいいかた

「先生、きょうの学級会について報告します」

学級会《がっきゅうかい》ではなしあったことをご報告《ほうこく》いたします
はい、お願《ねが》いします

1

けんじょうご

「先生、きょうの学級会についてご報告いたします」

先生にたいして報告するから、ていねいにいうための「ご」がつくんだ。「する」をていねいにいうと「いたす」になるね。報告するときには、あらかじめないようをまとめておいて、わかりやすく伝《つた》えるのがだいじだよ。

週に1回
授業《じゅぎょう》10分、
休み時間50分
にしてほしい！
とのことです。
ハハハ
むりむり！

2

先生のもっている本を見る

敬語《けいご》でないいいかた

「その本、ぼくも見てもいいですか」

なるほど…
そ〜っと
先生その本なんですか?
みせていただきます!

1

けんじょうご

「その本、ぼくも見せていただいてもいいですか」

「見る」のけんじょうごは「見せていただく」。もっとあらたまったいいかたをするなら、「拝見《はいけん》する」のほうがいいね。「～させていただく」というかたちでけんじょうごになるものには、「聞かせていただく」もあるよ。

2

上と下につけることばをつかいこなそう

① 頭につける「お」と「ご」

ていねいないいかたをしたり、相手をうやまうきもちをあらわすために、ことばの前《まえ》につける「お」や「ご」のことを接頭語というよ。

ぎゃくにつけるとヘンになることばもあるから注意《ちゅうい》しよう。

お ＋

- 名前《なまえ》
- 体《からだ》
- 祝《いわ》い
- まつり
- 約束《やくそく》
- とうさん・かあさん
- じいちゃん・ばあちゃん
- 仕事《しごと》
- 食事《しょくじ》
- 金《かね》
- べんとう
- そば・うどん・にく・やさい
- かいもの
- 知《し》らせ
- きもち
- 休み

ご ＋

- 相談《そうだん》
- 案内《あんない》
- 利用《りよう》
- 注意《ちゅうい》
- 予約《よやく》
- 住所《じゅうしょ》
- 帰宅《きたく》
- 理解《りかい》
- 了承《りょうしょう》
- 研究《けんきゅう》
- 夫婦《ふうふ》・家族《かぞく》
- 一報《いっぽう》
- 報告《ほうこく》
- すいせん
- 飯《はん》
- 起立《きりつ》・着席《ちゃくせき》

②頭につける かんじ

ことばの上にあるかんじをつけることで、そんけいやけんそんの意味《いみ》をあらわすことができるんだ。ちょっとあらたまった表現《ひょうげん》だけど、知っておくとおとなになってもやくだつよ。

【そんけい】相手につかうことば

貴《き》

「すばらしい」という意味

貴校《きこう》……あなたの学校《がっこう》

貴社《きしゃ》……あなたの会社

貴殿《きでん》……あなた

(男性《だんせい》が男性にたいして)

芳《ほう》

「かんばしい」「香《かお》りがよい」という意味

芳名《ほうめい》……あなたの名前《なまえ》

賢《けん》

「かしこい」という意味

賢兄《けんけい》……あなた(男性が男性にたいして)

【けんじょう】自分や自分のものにつかうことば

拙《せつ》

「おとっている」という意味

拙宅《せったく》……わたしの家

拙稿《せっこう》……わたしの書《か》いたげんこう

弊《へい》

「ボロボロである」という意味

弊社《へいしゃ》……わたしの会社《かいしゃ》

③うしろにつける敬称《けいしょう》

○○くん、○○ちゃんの「くん」「ちゃん」のことを敬称《けいしょう》というよ。どのことばがどんな人につくのか知《し》っておこう。

様《さま》

いちばんよくつかう「様」は人の名前《なまえ》や手紙のあて名などにつかわれる

山田太郎様

おとう様

お客様

殿《どの》

賞状《しょうじょう》などに書かれることが多い

山田太郎殿

先《せん》生《せい》

先生に手《て》紙《がみ》を書くとき

山田太郎先生

氏《し》

新聞《しんぶん》などで人の名前をだすときにつかわれることがおおい

山田太郎氏

社《しゃ》長《ちょう》

そしきのトップにいる人につかわれる

山田社長

御《おん》中《ちゅう》

人ではなく、団体《だんたい》やそしきにたいしてつかわれる

山田商店《しょうてん》御中

山田小学校御中

Chapter

7 あらたまって、質問《しつもん》に答える

面《めん》談《だん》・面《めん》接《せつ》など

将来《しょうらい》のゆめをいう

敬語《けいご》でないいいかた

「お父《とう》さんのようなべんごしになることです」

将来《しょうらい》の夢は…
父のようなりっぱな大工《だいく》になることです!!
グッ
2

1

けんじょうご

「父《ちち》のようなべんごしになることです」

あらたまったときには、「父」「母」といおう。将来のゆめについて、考えたことはあるかな？　どんなしごとにつきたいか、将来のもくひょうをもっていると、勉強にも力《ちから》が入るよ！

なにか いったか？
家ではだらしない父…
プー

2

関心《かんしん》のある
ニュースについて答《こた》える

敬語《けいご》でないいいかた

「たんにんの先生が
話していた、
ニュースに関心があります」

ふーん
関《かん》心《しん》のあるニュースは…

1

そんけいご

「たんにんの先生が話されていた、ニュースに関心があります」

「話す」をそんけいごにすると「話される」になるね。この場合は、「いう」のそんけいごの「おっしゃる」をつかってもいいよ。テレビのニュースなどでアナウンサーがいったことであれば、敬語《けいご》はいらないね。

○○はかせがはなされていたナノテクノロジーがもたらすロボット工学《こうがく》の未来《みらい》について、とてもきょうみがあります。
ザワ
ザワ
すごい
ザワ ザワ

2

入りたい部活《ぶかつ》と
その理由《りゆう》を答える

敬語《けいご》でないいいかた

「うたのレッスンをつづけて
きたので、
がっしょうぶに入りたいと
おもいます」

入りたい部活《ぶかつ》は…
父とともに練習《れんしゅう》にはげんでまいりました柔道部《じゅうどうぶ》に入りたいとおもいます。

1

けんじょうご

「うたのレッスンをつづけて参《まい》りましたので、がっしょうぶに入りたいとおもいます」

「つづけてきた」をけんじょうごにすると「つづけて参りました」となるよ。もし、よりていねいないいかたをするなら「入りたいとおもいます」を「入りたいとおもっております」にするといいね。勉強も部活もおおいにたのしもう！

うわー。
柔道部のない学校もあるから、よ〜〜く調《しら》べるんだよ〜〜〜
え!!

2

自分の長所《ちょうしょ》を答える

敬語《けいご》でないいいかた

「自分のいいところをひとことで
いうと、
こんきがあることです」

自分の長所《ちょうしょ》は…
長所は
なんですか?

1

けんじょうご

「自分のいいところをひとことで申《もう》し上《あ》げると、こんきがあることです」

「いう」のけんじょうごは「申し上げる」だね。自分のいいところを知っておくのは、とてもたいせつ。自分でおもいうかばなかったら、友だちや家族《かぞく》に聞いてみよう。まわりの人たちは、キミのことをよく見てくれているよ。

ひとことで申《もう》し上《あ》げると力《ちから》があることです！
ヒョイ

2

自分の短所《たんしょ》を答える

敬語《けいご》でないいいかた

「お母さんはのんびりしているところっていってます」

自分の短所《たんしょ》は…
では、短所はなんですか？
フー

1

けんじょうご

「母はのんびりしているところと申しております」

お母さんは身内《みうち》だから「母」「申しております」とけんじょうごでいおう。短所は、「それをどういかすか」によって長所《ちょうしょ》にもかえられるんだ。のんびりしている人は、おだやかな人ともいえるよね。

自分の短所を長所にいいかえてみよう！

母は力《ちから》のつよいところと申しております
ポキッ
すごいわ
ははは

2

小学校《しょうがっこう》時代《じだい》の思《おも》い出《で》を答える

敬語《けいご》でないいいかた

「運動会《うんどうかい》や発表会《はっぴょうかい》で、**知らない**先生たちともこうりゅうをもてたことです」

小学校時代の思い出…
ある日、かんとくがバスでサッカーのうまい先生をいっぱいつれてきました…
キーッ
10

1

けんじょうご

「運動会や発表会で、存《ぞん》じ上《あ》げない先生たちともこうりゅうをもてたことです」

「知る」のけんじょうごは「存じ上げる」だから、「知らない」は「存じ上げない」となるよ。知っているかどうかを人に聞くときは、「ご存じですか」というんだ。「ご存じ」は「知っている」のそんけいご。まちがえないように注意《ちゅうい》しよう。

ぞんじあげない
先生たちに
たくさんサッカー
をおしえて
いただきました。
とても特別《とくべつ》な
1日でした！

2

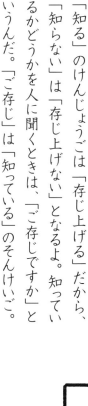

受験《じゅけん》する学校についての印象《いんしょう》を答える

敬語《けいご》でないいいかた

「こっちからは
大きな木が見えるし、
とてもしぜんが
ゆたかだとおもいました」

学校を紹介《しょうかい》する…
あちらには美しい花がさき…
そちらにはゆうだいな富士山がみえ…

1

ていねいご

「こちらからは大きな木が見えますし、とてもしぜんがゆたかだとおもいました」

「こっち」や「あっち」は「こちら」「あちら」といおう。おなじように、「どっち」は「どちら」、「そっち」は「そちら」。知らない人に「あなたはだれですか？」と聞くときは、「どちらさまですか？」というといいね。

2

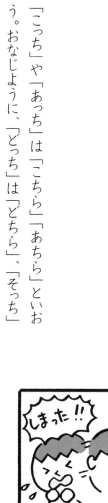

入学《にゅうがく》してからしたいことを答える

敬語《けいご》でないいいかた

「勉強《べんきょう》もかがい活動《かつどう》も、せっきょくてきにやりたいとおもってます」

進級《しんきゅう》してからしたいこと…
あこがれの理科室…
うっとり

1

けんじょうご

「勉強もかがい活動も、せっきょくてきにやりたいとおもっております」

「おもっています」より「おもっております」のほうがあらたまったいいかたになるね。「おります」には「〜している」「(〜に)いる」という意味《いみ》もあるから、「母は出かけております」「母は家におります」といういいかたもあるよ。

まくら
6年生になったら理科室でくらそうと思っております
ぜったいにやめてください
ハハハ

2

特技《とくぎ》を答える

敬語《けいご》でないいいかた

「しょたいめんの人の顔《かお》をおぼえること」

特技《とくぎ》は…
ファッションにきょうみがあり服のブランドをあてるのが得意《とくい》です!
アニエスブー
シャネロ

1

ていねいご

「しょたいめんの人の顔をおぼえるのが得意《とくい》です」

しつもんには「〜なこと」ではなく「〜が〜です」と文にして答えよう。面接などでは、長所《ちょうしょ》や短所《たんしょ》とともに、とくいなこともよくきかれるね。人からひょうかされているかどうかではなく、自分で自信のあることなら、どうどうといおう！

先生のきょうのネクタイは〝ユニロク〟でございます！
あたりです
2

さいきん読んだ本を答える

敬語《けいご》でないいいかた

「たんにんの先生がすすめてくれた、〇〇です」

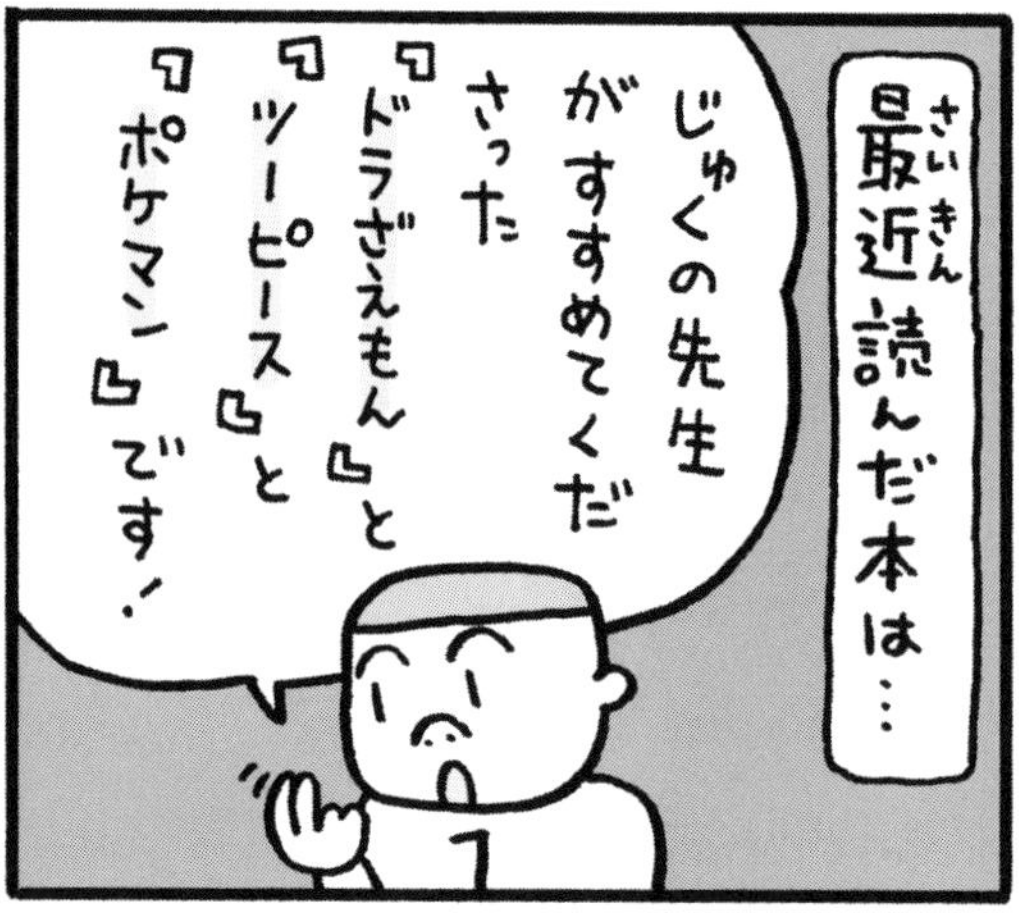
最近《さいきん》読んだ本は…
じゅくの先生がすすめてくださった『ドラざえもん』と『ツーピース』と『ポケマン』です！

1

そんけいご

「たんにんの先生がすすめてくださった、○○です」

「～してくれた」をそんけいごにすると、「～してくださった」となるね。目上の人のことをわだいにするときは、そんけいごをつかうようにしよう。敬《けい》語《ご》は、おぼえるよりもつかいなれることのほうがだいじだよ。

もしかしてマンガかな？
はい、もちろんです！
ぜんぶよみました！

2

そんけいしている人について答える

敬《けい》語《ご》でないいいかた

「30年以上《い》《じょう》、ちいきのボランティアをしているおじいちゃんです」

1

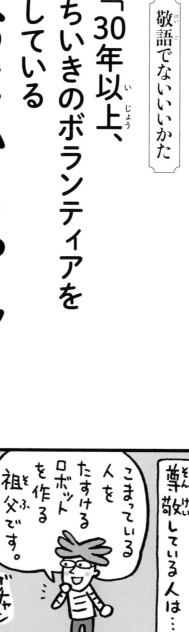

けんじょうご

「30年以上、ちいきのボランティアをしている祖《そ》父《ふ》です」

「おじいちゃん」は「祖父」だよね。キミがそんけいしている人は、だれかな？　れきしじょうの人やゆうめいな人もいいけれど、みぢかにいる家族《かぞく》のそんけいできるところを見つけられるといいね。

ロボットさん ありがとう！
ドウイタシマシテ
ガチャン
ガチャン

2

しけんのできぐあいについて答える

敬語《けいご》でないいいかた

「自信はないけど、全力《ぜんりょく》はつくせたとおもいます」

今日のテストはどうだったかな?
自信はありませんが、全力《ぜんりょく》はつくせたとおもいます…
2

1

ていねいご

「自信はありませんが、全力はつくせたとおもいます」

「ないけど」は「ありません」とていねいにいおう。もし、結果《けっか》に自信がなくても、キミがしけんでがんばったことはほんとうのこと。「ぜんぜんできませんでした」なんていわずに、「全力はつくせた」とむねをはっていえるといいね。

0てんだけはとりませんように…
かあちゃん!
がんばったのなら、それでいいのよ!!

2

面接《めんせつ》で気をつけたいこと

れいぎ正しく、自分らしく！

しっかりあいさつをする

はじめは、まずしっかりとあいさつをしよう。へやに入るときは「失礼《しつれい》します」、面接がはじまるときは「よろしくおねがいします」、おわったら「ありがとうございました」。へやからでるときも、一礼して「失礼します」といえばバッチリ。あいさつは、人と人がであうときのきほん。自分も相手も、きもちよく話せるね。

しつもんをしっかり聞く

つい、自分が答えるないようばかりかんがえてしまいがちだけど、しつもんされたことをちゃんと聞きとることもたいせつだよ。しつもんによって、答えはかわるものだからね。もし、聞こえなかったり、意味《いみ》がわからなかったりしたら、「申《もう》し訳《わけ》ありません、もう一度《いちど》いっていただけますか？」とおねがいすればだいじょうぶ。

ハキハキと元気よく話す

きんちょうすると、下をむいてしまったり、小さい声になってしまったりするよね。でも、面接《めんせつ》では相手の目を見て、ハキハキと話すようにしよう。とくに、自信がないと、ことばのさいごがモゴモゴ、ゴニョゴニョとしり切れトンボになってしまいがちだから、「〜です」「〜とおもいます」と元気よくいおう。

知らないことは正直《しょうじき》にいう

もしかしたら、答えられないことや、知らないことを聞かれることがあるかもしれない。だれにだって知らないことはあるもので、けっしてはずかしいことではないよ。知らないことをごまかしていうよりも、正直に「わかりません」「それは存《ぞん》じ上《あ》げません」というほうが、印象がよくなるよ。

敬語《けいご》を正しくつかう

面接のような場所では、正しい敬語をつかって話ができるといいね。いつもはなかよくしている先生のことも、「○○先生がおっしゃっていました」「おしえてくださいました」とそんけいごをつかって伝えよう。友だちどうしのときと、あらたまったときと、ことばのつかいわけができるのは、おとなへのだいいっぽだよ。

れいぎ正しくするのはだいじだけど、よく見せようとムリをする必要はない。ありのままのキミでOK。自分らしく、自信をもっていこう！

おわりに

ことばは、自分のきもちや考えを、自分の声ではっするもの。だから、とてもじゅうようなんだ。どんなことばをつかうかによって、人間かんけいがかわったり、大きく人生をさゆうしたりすることもあるんだよ。

ある小学校に、とてもあれているクラスがあったんだけど、友だちどうしで「〇〇くん」「△△さん」とよびあったり、ていねいなことばづかいをするようになったら、クラスのふんいきがとてもよくなったそうだ。ことばづかいによって、人ときもちよくつきあえるようになるんだね。

でも、きゅうにことばづかいをかえようとおもっても、ふだん、つかっていなかったら、なかなかうまくいかない。

とりわけ敬語《けいご》は生活の中でつかっていないと、ひつようなときに口からでてこないもの。おとなになって敬語をつかえないと、「れいぎができていない」とか「子どもっぽい」とおもわれてしまうし、どんなにいい服《ふく》を着ていても、どんなにりっぱな家に住んでいても、ていねいなことばづかいができないと、「目上の人をたいせつにできない、失《しっ》礼《れい》な人」とおもわれてしまうよ。

敬語は、目上の人をたいせつにするという、日本人のこころを表現《ひょうげん》するもの。話しことばでも書きことばでもひつような表現なんだ。ふだんから、せっきょくてきに敬語をつかってみよう。今からつかいなれておけばだいじょうぶ！　まわりの人をたいせつにする、気づかいのあるおとなになれるよ。

齋藤孝

齋藤孝
1960年生まれ。東京大学法学部卒業。同大学院教育学研究科博士課程を経て、明治大学文学部教授。専門は教育学、身体論、コミュニケーション論。著者に『これでカンペキ！　マンガでおぼえる』シリーズ、『子どもの日本語力をきたえる』など多数。NHK Eテレ「にほんごであそぼ」総合指導。

編集協力
佐藤恵

ブックデザイン
permanent yellow orange

イラスト
ヨシタケシンスケ（カバー）
漆原冬児（本文）

これでカンペキ！
マンガでおぼえる
敬語

宿題忘れたでございます。

発行日　2014年5月31日　第1刷発行
2024年2月15日　第9刷発行

著者　齋藤孝
発行者　小松崎敬子
発行所　株式会社 岩崎書店
東京都文京区水道1-9-2
〒112-0005
電話　03（3812）9131［営業］
03（3813）5526［編集］
振替　00170-5-96822
印刷所　株式会社光陽メディア
製本所　株式会社若林製本工場

Published by IWASAKI Publishing Co.,Ltd.
Printed in Japan
ISBN978-4-265-80213-5　NDC814

岩崎書店ホームページ　https://www.iwasakishoten.co.jp
ご意見をお寄せください　info@iwasakishoten.co.jp